EL

PRECIO

PERFECTO

EL PRECIO PERFECTO

INDICE

Precios: todo lo que necesitas saber

Trabajando con compradores sensibles al precio

El "precio ganador"

Precios según el tipo de producto

Estrategias de precios que mejoran las ganancias

Descremado de precios como estrategia de precios

¿Es el precio psicológico una estrategia efectiva?

Precios de penetración de mercado

Precios promocionales

Precio competitivo

Ofrecer descuentos como parte de su estrategia de precios

Estrategias alternativas de precios

Ofertas más atractivas

Precio basado en valor

¿Cómo saber si su precio es correcto?

EL PRECIO PERFECTO

Precios: todo lo que necesitas saber

Si está tratando de vender algo en Internet, fijar el precio de sus servicios/productos sería la decisión más importante que tomará. Dado que Internet ofrece miles de alternativas a los clientes, debe estar a la par con la competencia. Los precios determinarán cuánto tiempo puede permanecer en el mercado.

Necesita adquirir una idea clara sobre los precios. ¿Hasta qué punto puedes empujarlo? ¿Con qué frecuencia necesita revisar los precios? Mucho dependerá de cómo maneje esta etapa del negocio.

Para empezar, debe identificar un grupo de consumidores y luego estimar cuánto estarían dispuestos a pagar por sus servicios o productos.

Pero además de eso, también debe asegurarse de obtener algún beneficio para usted. Y muy a menudo estas dos demandas pueden estar en conflicto entre sí. Diferentes personas usan diferentes técnicas para establecer los precios de sus productos. Algunos de ellos tienen una base científica y otros no. A continuación se muestra uno de esos procedimientos que funciona con una comprensión del costo de producción, las expectativas del cliente y otros actores en el campo.

El costo se define como la suma total de los gastos en los que incurre al hacer un producto. Los gastos incluyen el costo de la materia prima, maquinaria, embalaje, entrega, etc. El precio es la cantidad que los clientes deben pagar por unidad de su producto / servicio.

Para que pueda obtener una ganancia, el precio debe ser más que el costo. Sus precios deben ser consistentemente superiores al costo si planea dirigir su empresa durante mucho tiempo, excepto en casos especiales. A veces puede bajar los precios, por ejemplo, para ingresar a un mercado. Comenzar con precios más bajos que sus competidores haría que la gente se fije en usted. ¡Y una vez que reúne un número decente de clientes, puede aumentar gradualmente los precios!

Cuánto pagarían los clientes por sus servicios es directamente proporcional a lo significativo y valioso que creen que es su producto. Por supuesto, sus estrategias de marketing y reputación en el mercado desempeñarán un papel importante a este respecto.

Entre estos dos números, su costo y el precio que sus clientes están dispuestos a pagar por su producto es su precio ideal. Si su precio es un poco más bajo de lo que sus clientes están dispuestos a pagar por sus servicios, definitivamente funcionaría a su favor a largo plazo.

Si su precio es más alto de lo que es justo a los ojos del cliente, terminaría perdiendo su atractivo y mercado y gradualmente su viabilidad.

Trabajando con compradores sensibles al precio

El valor del dinero en el mundo actual es una cruda realidad y es por eso que los clientes que buscan comprar para sus necesidades se han dado cuenta del factor efectivo en lo que respecta a la compra.

Buscan sacar el máximo provecho de la menor cantidad de dinero gastada, es por eso que fijar el precio de sus productos correctamente contribuye en gran medida a garantizar que siga obteniendo clientes y obteniendo ganancias. Pero eso no significa necesariamente que solo pueda atraer a sus clientes reduciendo los precios, ya que esto a menudo puede conducir a pérdidas.

Pero más que el precio, es el valor del producto lo que determina su precio a los ojos del cliente. Uno nunca esperará que un vehículo de alto perfil como un Mercedes tenga un precio acorde con las tarifas de un Toyota, pero esperarán obtener el mejor trato de usted cuando busque comprar un Toyota en el mercado.

Por lo tanto, agregar valor a cualquier producto a través de un buen marketing, investigación y desarrollo es una forma segura de asegurar que su cliente aprecie y acepte el precio y el valor del producto. Por lo tanto, es un simple hecho de cambiar la forma en que el cliente mira un producto.

La estrategia más simple y eficiente para

satisfacer a un comprador sensible al precio es darles una imagen vívida de los beneficios que este gasto les brindará a largo plazo. A todos les gusta saber que gastaron un buen dinero en algo que durará y traerá más ganancias. Entonces, si puede convencer al cliente de que comprar algo no se trata solo de gastar sino de invertir en algo que valga la pena ya largo plazo, definitivamente aceptarán gastar el dinero.

Al mostrar cómo el objeto de mayor precio al final causará problemas menores y, por lo tanto, ahorrará una gran cantidad de problemas y gastos innecesarios en servicios y reparaciones, es posible que pueda cerrar el trato. De nuevo, se trata de convencer a sus clientes de que están haciendo lo sabio al observar los beneficios a largo plazo de la compra.

Si tiene un producto de calidad y lo comercializa bien, cualquier cliente sensato acudirá a usted. Incluso si eso significa gastar ese dinero extra, los clientes quieren lo mejor en el mercado para ellos. Por lo tanto, ofrecer productos de calidad nunca falla en atraer a los clientes por más.

Ganarse a los compradores sensibles al precio requiere comprender que el precio no es el único componente de sus decisiones de compra. Cuando se tome el tiempo para descubrir las necesidades de su cliente, podrá presentar el valor total de su servicio o cliente. Si no logra descubrir la imagen completa, puede encontrarse en la posición de responder inquietudes sobre los precios y, a la larga, eso no ayudará a que su negocio tenga éxito.

Conozca a sus clientes. Descubre cómo

funcionan sus mentes y qué quieren. Esto contribuirá en gran medida a convencerlos y atraerlos para que compren el producto correcto, aunque costoso. Si no comprende que comprar no se trata solo del dinero sino de todas las otras cosas mencionadas anteriormente, es posible que deba seguir reduciendo los precios para obtener clientes y eso no será rentable para su negocio.

El "precio ganador"

Establecer un precio para su producto o servicio, especialmente cuando está tratando de vender en Internet, puede ser la decisión comercial más crucial. Establecer un precio no es tan simple como podría parecer. Si está buscando obtener ganancias, su precio debe ser mayor que su costo, pero debe ser más bajo que el "precio que el mercado puede soportar", es decir, el precio que sus clientes esperan pagar por su servicio. Debe tener esto en cuenta al fijar el precio de sus productos.

Hay planes de precios elaborados que debe comprender y con los que debe poder trabajar. El plan de precios con el que desea trabajar dependerá de su modelo de negocio.

Al igual que el plan "Precios para penetrar". Este plan funcionaría para usted si su objetivo es penetrar el mercado objetivo rápidamente. Para lograr este objetivo, deberá ponerle un precio bajo a su producto.

Pero es importante decidir qué tan bajo puede llegar sin tocar el fondo. Necesita averiguar lo más bajo que puede llegar sin tener deudas y grandes pérdidas. No debe tener reservas acerca de incurrir en pérdidas iníciales si obtendrá clientes a largo plazo a cambio.

Pero, ¿cómo se determina el valor de por vida de cualquier cliente?

Asegure a sus clientes habituales y asegúrese de tomar medidas para que se adhieran a su marca particular. El precio de penetración es útil si va a causar una impresión duradera. También puede ser útil en circunstancias en las que muchos jugadores nuevos están saltando al mercado.

Su producto debe ser el último "producto pegajoso" que el cliente pueda soltar. Los corredores en línea, por ejemplo, son mucho más convenientes que una vez enganchados, las personas ni siquiera piensan en alternativas.

Otra forma de garantizar que el cliente regrese es fabricar un producto excepcional. Al vender libros en línea, por ejemplo, un gran libro con un buen precio garantizaría su popularidad instantánea.

Amazon.com, por ejemplo, es el jugador líder entre las librerías en línea debido a sus tarifas altamente subsidiadas. Aunque esta táctica comercial podría haberles costado muchos miles de dólares, han logrado crear una sólida base de clientes en la que ahora pueden confiar.

Otro ejemplo viable en la vida real es cómo las empresas que fabrican máquinas de afeitar se topan con la idea de que sería mucho más rentable revender hojas de afeitar que mangos, y el resto, como dicen, es historia.

Precios según el tipo de producto

Encontrar el precio correcto para su producto es la clave del éxito, tanto a largo como a corto plazo. El precio correcto para su producto estaría entre el costo y el precio que un cliente está listo para pagar por sus servicios. El costo incluiría los gastos en materias primas y otros gastos fijos y variables incurridos en la fabricación. Tanto es así, que también puede hacer que sus ganancias sean el doble o el triple de la cantidad actual. Sus productos técnicamente caerán en una de las dos categorías:

Mercancía: hay una gran cantidad de competencia en este campo, porque los productos de los diferentes jugadores en el campo son los mismos, es solo el precio por el que compiten. Debe ser muy afilado y estar constantemente alerta. Lo competente y eficiente que eres son las únicas cosas que te harán destacar. Un poco flojo volverá a estropear las cosas.

Productos de propiedad: Estos son productos auténticos. Genuino y especial en su propia posición. Usted compite con los otros jugadores en el mercado basándose en las fortalezas especiales de sus servicios. Si es lo suficientemente bueno y lo necesita, puede establecer un precio que le garantice el mejor beneficio.

El mercado en Internet está cambiando rápidamente. Para mantenerse al día, es posible que deba modificar sus precios con frecuencia, debido a la nueva competencia y los cambios en la demanda, etc.

Luego, hay ciertos productos como el hardware de la computadora que son productos básicos y de propiedad. Los sistemas informáticos se actualizan constantemente y son cada vez más sofisticados y la competencia es feroz. Es un producto de propiedad en el sentido de que un Macintosh aún puede permitirse ser mucho más caro que un sistema Windows normal debido a las características adicionales que ofrece.

De todos modos, no importa lo que haga, no puede darse el lujo de ponerle un precio incorrecto a su producto porque puede significar una muerte instantánea en el mercado.

Las guerras de precios en la actualidad son parte de la existencia cotidiana de cualquier organización. Para sobrevivir, debes estar constantemente alerta y cumplir lo que prometes. Si incluso un competidor baja sus precios, todos tienen que hacer lo mismo. Pero si no va a hacerlo, entonces debe tener una amplia razón para mantenerse firme. Una sólida base de clientes que se quede con usted sin importar qué, puede ser una buena razón.

Estrategias de precios que mejoran las ganancias

Las estrategias de precios son una parte a veces pasada por alto de la mezcla de marketing. Pueden tener un gran impacto en las ganancias, por lo que se les debe dar la misma consideración que las estrategias de promoción y publicidad. Un precio más alto o más bajo puede cambiar drásticamente tanto los márgenes brutos como el volumen de ventas. Esto afecta indirectamente a otros gastos al reducir los costos de almacenamiento, por ejemplo, o al crear oportunidades para descuentos por volumen con los proveedores.

Otros factores también determinan su estrategia de precios óptima. Considere las cinco fuerzas que influyen en otras decisiones comerciales: sus competidores, sus proveedores, la disponibilidad de productos sustitutos y sus clientes. Posicionar cómo desea ser percibido por su público objetivo también es una consideración. Ponga un precio a un artículo Premium demasiado bajo, por ejemplo, y los clientes no creerán que la calidad es lo suficientemente buena. Por el contrario, ponga un precio de venta demasiado alto en las líneas de valor y los clientes comprarán artículos de menor precio de la competencia.

Algunas estrategias de precios a considerar son:

- Precio competitivo

Mantener sus precios en relación con sus

competidores es la mejor manera de hacer negocios. Manténgase alerta sobre el precio que tiene su competidor de al lado de sus productos y luego los precios similares o menores a los suyos.

- Costo más recargo

El reverso completo del modo de táctica anterior, apunta a fijar sus precios de acuerdo con su deseo, según el porcentaje de ganancia que desea mantener y no el mercado. Pero al igual que esto tiene la ventaja de ganar mucho mediante la fijación de precios baratos, esto también puede funcionar negativamente en ciertas circunstancias. Así que piense y decida sabiamente antes de fijar el precio.

- Líder de pérdida

Otra estrategia efectiva para atraer clientes y aumentar las ventas considerablemente es vender artículos relativamente baratos a un precio más bajo a los clientes que tienen el potencial de comprar cosas más caras. Pero este es un acuerdo relativamente temporal y a menudo puede ser una apuesta.

- Cerrar

Esta es una técnica interesante para probar cuando está limpiando su stock. Este método implica vender sus productos adicionales a precios extremadamente baratos para evitar pérdidas.

- Membrecía o descuento comercial

Conoce a tus clientes. Haga una lista corta de los que pueden obtener beneficios y darles ofertas especiales para que terminen siendo seducidos a comprar más de usted y también sigan regresando. Así que reduzca los precios, ofrezca descuentos, haga lo que sea necesario para que vuelvan a su tienda.

- Paquetes y descuentos por cantidad.

El simple más uno gratis también funciona muy bien. Por lo tanto, ofrezca a los clientes seleccionados un descuento considerable en compras a granel, ya sea del mismo tipo, como en 5 camisas, o artículos similares o relacionados. Y para evitar pérdidas, coloque ofertas en existencias antiguas o forme una nueva con antiguas para eliminar el exceso de bienes.

- Versionado

Poner diferentes versiones del mismo producto básico y luego ofrecer precios más bajos para los modelos más básicos es una buena manera de no solo deshacerse de esos modelos para la gente promedio. Pero también se pueden asociar ofertas como servicio gratuito durante un período con los de mayor precio para que sirvan como incentivo para los clientes que compran más. Así que adelante y use estas tácticas para obtener el nivel de ganancias que siempre ha deseado.

Descremado de precios como estrategia de precios

De todas las estrategias de marketing que utilizará en su negocio, la estrategia de precios es una de las más importantes. Además de elegir el producto adecuado, un marketing inteligente y un plan de ventas sólido, la estrategia de precios correcta determinará sus ingresos y su participación en el mercado. Por lo general, los líderes de su industria utilizan el descremado del mercado como una técnica de fijación de precios.

La estrategia de un fabricante de computadoras es crear una nueva computadora portátil cada 8 meses más o menos. Reduce el precio de los modelos más antiguos y no vendidos (en su etapa de maduración) y mantiene el precio de las nuevas computadoras portátiles (en su etapa de introducción) más alto. Las nuevas computadoras portátiles exigirán un precio más alto en función de sus nuevas características.

Por lo tanto, el fabricante está bajando el precio (o bajando el mercado) en diferentes etapas: introducción, crecimiento, madurez y disminución. Obtiene el beneficio máximo a través del precio más alto que cada una de estas etapas ordena.

Esta estrategia funcionará en un gran mercado con suficientes compradores con una alta demanda de productos o servicios y una empresa con una estructura de bajo costo. En el ejemplo anterior con las computadoras portátiles, la demanda es alta, hay muchos compradores recurrentes con una industria que tiene una estructura de bajo costo que es tecnología habilitada.

Ahora el desafío para la compañía proviene del hecho de que hay bastantes competidores en este mercado. Si todos estos competidores tienen una línea completa de productos similares, cada uno con un ciclo de vida variable, los compradores encontrarán extremadamente difícil juzgar el producto en términos de su calidad o servicio o el valor por el precio.

Frente a un aluvión de productos de aspecto similar, el comprador elegirá una computadora portátil con características máximas al precio más bajo. Y si su empresa no es la que tiene el precio más bajo, puede dañar su reputación de marca, ya que parecerá que ha estado sobrevalorando los productos, lo que eventualmente conducirá a una caída de las ventas.

Antes de elegir cualquier estrategia de precios, asegúrese de estudiar primero el mercado cuidadosamente. Uno debe tener una idea clara sobre el comportamiento de los clientes y la forma en que los competidores actuarán o reaccionarán. Y esta estrategia debe probarse continuamente mientras se aplica para asegurar que los factores que llevaron a esta estrategia no hayan cambiado con el tiempo con las condiciones cambiantes del mercado.

¿Es el precio psicológico una estrategia efectiva?

El precio tiene un significado psicológico asociado. Los compradores tienen la creencia de que si un producto tiene un precio elevado, entonces es más valioso. Aunque esta creencia es más psicológica que basada en la realidad, hace que los tangibles de los precios sean más efectivos que el producto en sí.

Sin embargo, es interesante que a medida que el comprador comienza a investigar la naturaleza del producto de manera más exhaustiva, sus decisiones se vuelven más racionales y el precio más alto deja de ser la medida para el valor del producto. Un buen ejemplo donde los

Precios psicológicos son que los compradores tienden a inclinarse más hacia precios que terminan en cifras desiguales como $ 9, $ 99 porque creen que están obteniendo una mejor oferta que si los precios terminaran en cifras pares como, por ejemplo, $ 20, $ 66 etc.

Si los productos a los que se aplica un precio se encuentran en una "banda" de precios como en las subastas en línea o si tienen un precio en un rango impar de $ 199,00, entonces los productos se considerarán más valiosos que una lista de $ 200,00. Tal comportamiento del consumidor es que los precios en un rango impar generalmente se consideran una mejor oferta, por lo tanto, es importante asegurarse de haber elegido el precio correcto y la estrategia correcta para el producto.

Otra instancia de fijación de precios

psicológicos es la fijación de precios de referencia. El precio de referencia es cuando los compradores se relacionan psicológicamente con un precio, ya que refleja directamente su relación con el precio de un producto. En el caso de productos de alto valor, tales como artículos de lujo, el precio de referencia es muy influyente y una empresa entera puede capitalizarse sobre esta base.

Sin embargo, hay que tener cuidado al posicionar los precios ya que la estrategia puede ser contraproducente si el comprador siente que el producto no merece estar en esa categoría. Si el producto tiene las características que atraen a un comprador sensible al ego, el precio de referencia es una estrategia de precios adecuada.

Un ejemplo de esto son los artículos de lujo

de alta gama que atraen a los compradores sensibles al ego. Para que el precio de referencia sea exitoso, debe asegurarse de que el precio que ha determinado para un producto se ajuste mejor desde todos los ángulos y puntos de vista, incluido el suyo.

Asegúrese de que el precio seleccionado se ajuste al producto y que el precio haya sido probado antes de que se lance al mercado objetivo. También se debe considerar la influencia de varios elementos del mercado en la etiqueta de precio. El producto debe ser apto para una estrategia de precios psicológicos, el programa promocional debe ser adecuado para la estrategia de precios y los canales de distribución deben estar sincronizados con el precio y no anular el costo del producto en sí.

Precios de penetración de mercado

Una estrategia de precio de entrada rápida que presume que el volumen de ventas aumenta cuando un objeto tiene un precio bajo que a su vez reduce los costos generales se llama precio de penetración en el mercado. Esta es una estrategia útil que puede usarse en mercados sensibles a los precios. Por ejemplo, considere el mercado de reproductores de DVD; Este es un mercado donde los volúmenes de ventas son altos, pero la cantidad de competidores también es alta.

Los costos de producción de los reproductores de DVD han disminuido drásticamente y la tecnología en constante evolución ha permitido la introducción rápida de nuevas características y beneficios en los nuevos modelos. Las empresas que cobran en reproductores de DVD y venden grandes volúmenes a precios bajos o razonables están siguiendo una estrategia de penetración en el mercado.

Los empresarios que utilizan los precios de penetración en el mercado generalmente intentan hacer crecer un mercado para su marca y en el proceso penetran en el mercado para el producto en su conjunto. Todos los cálculos se basan en la suposición de que el precio más bajo ganará la mayor parte del mercado. Pero es muy importante evaluar su mercado, su sensibilidad al precio y su elasticidad o in-elasticidad antes de usar esta estrategia de precios.

También es necesaria una cierta cantidad de

investigación de mercado para que pueda comprender y prejuzgar cómo reaccionarán sus competidores ante esta estrategia de precios penetrante. Por ejemplo, si su bajo precio hace que su competidor también baje el precio, lo llevará a un callejón sin salida, ya que luego bajará su precio nuevamente causando una reacción similar de él, y esto continuará y nadie ganará.

Si bien lo que se dijo anteriormente es cierto, también es cierto que su estrategia de precios de penetración en el mercado puede ser un elemento disuasorio para los nuevos competidores que están considerando ingresar al mercado. El riesgo para un nuevo participante de obtener una cuota de mercado considerable es extremadamente alto y cuando consideran cuán bajo es su precio, verán que su margen será bajo y, por lo tanto, considerando los riesgos que podrían elegir no ingresar al mercado.

Pero para que tenga éxito con esta estrategia, debe estar preparado para disfrutar de las economías de escala que generará un alto volumen de ventas y ser el proveedor de bajo costo en el mercado. Si tiene un negocio existente y su competidor está siguiendo una estrategia de penetración en el mercado, debe hacer la misma investigación y evaluación exhaustivas del mercado y sus propias capacidades:

- ¿Es factible que reduzca sus costos?

- ¿Puede estar seguro de que producirá grandes volúmenes?

- ¿Puede correr el riesgo de vender su producto a un precio bajo (y esperar que el volumen de ventas le brinde la participación de mercado y la rentabilidad que desea?)

Si responde que todas estas preguntas son

negativas, considere esta estrategia de penetración con mucho cuidado antes de usarla y, si aún no está seguro, no siga la estrategia.

Sin embargo, si usted es un nuevo emprendedor comercial que está considerando esta estrategia en un mercado nuevo o escasamente poblado, donde la competencia es baja, entonces concéntrese en cómo reducir sus costos y aumentar su eficiencia.

Independientemente de la estrategia de fijación de precios que decida utilizar, asegúrese de especificarla en su plan de marketing mix con los motivos de su elección.

Evalúe su estrategia de marketing elegida,

incluida su estrategia de precios al menos una vez al año en el momento de la actualización de su plan de negocios, y asegúrese de que sea la estrategia correcta para su producto teniendo en cuenta las condiciones del mercado y para sus consumidores y competidores.

Precios promocionales

Por lo general, los precios promocionales se utilizan al lanzar un nuevo producto. Se utiliza para estimular la demanda de aquellos productos que tienen una demanda rezagada. Los compradores de precio objetivo suelen ser los que buscan el acuerdo. Algunos ejemplos de estos precios de eventos promocionales están destinados a eventos especiales. Por lo general, están destinados a ciertos eventos que podrían ser Navidad o Pascua.

Hay programas de descuentos o bonificaciones disponibles al comprar una casa. A veces, el vendedor ofrece una mudanza en el subsidio o reemplazo de alfombras o subsidio por renovación o un reembolso por todo el efectivo sin problemas con el financiamiento o la compra de artículos grandes como automóviles. Hay muchas tiendas que no anunciarían préstamos de financiación de intereses para sus muebles comprados.

El concesionario de automóviles también ofrece estos programas de precios para sus modelos del año anterior. Estas estrategias en el campo de las ventas han tenido mucho éxito, pero al usar estas estrategias debe tener cuidado porque los clientes se están volviendo más sensibles al verdadero valor de las estrategias. Otra estrategia de fase que parece funcionar es comprar uno y obtener uno gratis u obtener dos por el precio de uno.

Esto es posible si el costo del producto es bajo, con un margen de beneficio saludable y también en caso de sobrecarga del inventario.

Otro modo importante puede ser el modo de pago que es el plazo de pago extendido.

Debe pagar un depósito y pagar durante un período de tiempo. Podrá obtener el producto solo cuando pague. Esto es muy común entre la industria de la renovación y la construcción, ya que el pago se realiza primero como costo inicial, luego cuando el proyecto está a mitad de camino y más tarde mientras se completa.

A veces, la garantía de bajo costo o la ayuda gratuita en estas estrategias comerciales. Un buen producto generalmente no tiene devolución y un cliente está convencido. Por lo tanto, estas estrategias producen un impacto positivo. El uso excesivo de estas estrategias ha llevado a un escepticismo del cliente. Buscan la realidad en el trato. El precio promocional que se usa con más frecuencia es la venta de "cierre del negocio".

Esta venta puede ser engañosa, ya que puede inducir a error. Es una reubicación de d mismo negocio. Como cliente, debe saber que no está siendo engañado en dicho esquema. Todavía hay muchos programas de precios promocionales efectivos, así que sea inteligente sobre cómo desarrollar sus estrategias de precios.

Precio competitivo

Para determinar si sus artículos tienen un precio demasiado alto o no, haga lo que hace su cliente. Busca en la web.

Tome cualquiera de sus productos y busque en Internet. Compare los precios con otros, esto lo ayudaría si desea vender más. Es simple, solo necesita escribir el nombre y pedir comparar precios. Puede llevar un poco de tiempo dependiendo del artículo que venda y la saturación del mercado. Esto proporcionaría una visión importante que ayudaría a su negocio y le haría saber a qué se enfrenta.

Es posible que pueda diferenciar su producto

y convencer a su cliente para que le compre a usted. Comience esto reduciendo su costo. Esto siempre ayuda. Si ve que existe la posibilidad de bajar aún más sus precios, hágalo. ¡Encontrará que su artículo se convertirá en el "precio más bajo en la web!". El bajo costo ayuda a comprar y esto compensaría la diferencia de reducción de precios.

Garantizar una igualación de precios. Hágales saber a sus clientes que igualará cualquier precio y que no estará bajo vendido. Una vez que el cliente esté allí, haga que sigan con la compra. También podría ofrecerles envío gratuito. En caso de que su artículo cueste más que el competidor, puede ofrecer el envío gratis ya que esto le daría a su artículo el costo más bajo al momento del pago.

El envío gratuito se agrega como un bono a cualquier comprador. Esta palabra hace una gran diferencia si finalmente haces la venta o no. Si por casualidad pierde a un cliente, sería porque el cliente no está convencido por el costo del artículo. Por lo tanto, para convencer a su cliente de que su producto vale el costo y definitivamente vale la pena comprarlo, es importante que realice ciertos cambios.

El costo no es el único factor, sino uno de los factores más importantes que influyen en la compra. Entonces, si le ha dado a su cliente una mejor compra en caso de que valga la pena, le ayudaría a tener una ventaja sobre el resto de los competidores.

Ofrecer descuentos como parte de su estrategia de precios

El precio de los bienes es difícil. No existe una fórmula mágica determinante única que decida el mejor precio para un producto. No existe una estrategia simple, pero se pueden tomar ciertas medidas para hacer políticas de precios más efectivas. Es difícil estar seguro acerca de las decisiones de fijación de precios, solo se puede confiar en el propio juicio. Pero incluso mientras lo hace, las decisiones nunca son del todo satisfactorias.

La determinación del precio de los bienes o servicios es una de las más importantes en los negocios. El precio de los productos debe hacerse de tal manera que los clientes previstos estén dispuestos a pagar ese monto y también uno que genere ganancias para la empresa o el negocio no durará mucho.

Existen varios enfoques científicos y no científicos para la fijación de precios. A continuación se presenta un marco para tomar decisiones de fijación de precios que tiene en cuenta sus costos, los efectos de la competencia y la percepción de valor del cliente.

Las políticas de precios a veces pasan desapercibidas como parte del marketing. Pueden tener un efecto sustancial en las ganancias, por lo que se debe tener la misma consideración que las tácticas de promoción y publicidad. La variación en el precio puede cambiar considerablemente tanto los márgenes brutos como el volumen de ventas.

Esto conduce a efectos indirectos sobre otros gastos al reducir los costos de almacenamiento, por ejemplo, o al crear oportunidades para descuentos por volumen con los proveedores.

Su estrategia de precios podría tener en cuenta las ofertas de descuento para los consumidores que le ofrecen una ventaja comercial.

Uno puede ofrecer descuentos en efectivo a los clientes que pagan sin demora. Por lo tanto, este sistema recompensa a quienes ayudan a la empresa a mantener un flujo de caja positivo y constante y a reducir los costos de cobro de créditos.

Los descuentos por cantidad para pedidos grandes tienen sentido económico cuando el costo por unidad para vender o entregar un producto se reduce a medida que aumenta la cantidad. Un proveedor, por ejemplo, puede completar un pedido de 12 docenas de cupcakes para un cliente a 10 centavos cada uno, mientras que los cupcakes que se encuentran en el estante de la panadería se pueden vender a varios clientes durante todo el día por 20 centavos cada uno.

Esto se hace porque existe la probabilidad de que algunos de los cupcakes no se vendan. Los costos también están asociados con mantener la tienda abierta para la comodidad de los clientes al azar. Hay costos asociados con la apertura de la tienda para la comodidad de los clientes aleatorios.

Los descuentos estacionales en realidad recompensan a los clientes que esencialmente ayudan a una empresa a equilibrar su flujo de efectivo y satisfacer las demandas de producción.

Las asignaciones de canje por productos viejos devueltos que uno puede reutilizar o revender con fines de lucro benefician tanto a la empresa como a los consumidores.

Los subsidios promocionales con frecuencia tienen sentido económico. Por ejemplo, si su producto es utilizado en campañas publicitarias o en actividades promocionales por una cadena minorista que también vende su producto, termina dando un impulso a sus esfuerzos de marketing. Si este es el caso, puede optar por descontar su precio a la cadena minorista que lo hace.

Estrategias alternativas de precios

El precio es sin duda uno de los factores más importantes de su estrategia de marketing mix. El precio correcto puede hacer que su producto sea un éxito o una falla en el mercado. Los factores que deben tenerse en cuenta al comercializar su producto son los siguientes:

• Tiene que ser de calidad superior.

• Debe tener características que sus compradores requieran o deseen.

• Debe ser diferente de lo que sus competidores tienen para ofrecer.

• Debe tener una buena estructura de costos.

- También debe prestar atención a una fuerte campaña de promoción.

- Teniendo en cuenta estos factores, es importante determinar la estrategia de fijación de precios de una manera que lo ayude a vender con éxito su producto en el mercado.

A continuación se presentan algunas estrategias de precios alternativas:

1. Precios genéricos o económicos: en esta estrategia, el precio bajo atrae al comprador. Es típico de las marcas genéricas o económicas. Para que esta estrategia sea fructífera, debe tener una estructura de bajo costo, características mínimas y promoción. Simultáneamente, asegúrese de cosechar algunos beneficios sólidos y estables.

2. **Precios diferenciales:** en este método, la idea es establecer el precio de acuerdo con los diferentes tipos de compradores (por ejemplo, el precio será diferente para una tienda en línea, una tienda minorista y una tienda departamental); área geográfica, (los precios pueden ser más altos en California que en Illinois); por la cantidad comprada (una persona que compra grandes cantidades obtendrá una tarifa diferente de la que compra una pequeña cantidad); sobre la base del segmento de cuenta nacional (el precio cargado a una cuenta nacional variará del que se carga a una cuenta local). Recuerde, tiene que haber una razón válida para aplicar precios diferenciales.

3. **Precios premium:** esta estrategia es aplicable para bienes de lujo o de alta gama, como joyas caras, yates, aviones, propiedades, etc. Puede usar esta estrategia si el mercado reconoce su producto como un

artículo de lujo o Premium

4. Precios de productos cautivos o de productos complementarios: esta estrategia también puede adaptarse a los precios de la línea de productos. En este caso, los productos se agrupan como acompañantes y tienen un precio acorde. (Por ejemplo, una batidora y un tazón). También consideran los productos como cautivos (por ejemplo, una maquinilla de afeitar que solo puede equiparse con una cuchilla en particular). Estos productos a menudo se empaquetan en un solo paquete. (por ejemplo, las cuchillas pueden empaquetarse con la maquinilla de afeitar) Los precios de estos productos fuera de un paquete generalmente tienden a ser más altos.

Recuerde revisar sus productos cuidadosamente antes de elegir una estrategia particular para que el precio sea apropiado.

Ofertas más atractivas

Los días en que los hombres juraban por Gillette y las mujeres no miraban más allá de Guerlain se han ido. Raramente hay monopolios en el mercado mundial, y cada producto en la economía tiene un competidor, un sustituto que constantemente trata de superar al otro. La base más común para la competencia que se observa en estos mercados multiproducto es el precio.

Por lo general, los consumidores se sienten atraídos por aquellos artículos que tienen un costo de compra más bajo que su sustituto. Dado que existen principalmente productos diferenciados, la calidad general es más o menos la misma.

Ahora, desde el punto de vista del productor, la única forma de reducir el precio de su producto es reducir su costo. Pero los métodos de producción no se pueden cambiar sin cambiar la calidad. Y no hace falta decir que si uno tiene que reducir los costos, la calidad seguramente disminuirá también. Otra forma sería aumentar la escala de producción. Pero eso lleva mucho tiempo. Por lo tanto, se requiere alguna otra medida para un efecto inmediato.

Los supermercados y mayoristas utilizan un método típico de fijación de precios, llamado fijación de precios en bloque. Cuando un consumidor se encuentra con un letrero que dice: "Leche- 1 galón $ 3.00; 4 galones $ 10.00", automáticamente llega a una observación calculada de que está haciendo algún tipo de ganancia al pagar dos dólares menos si lo compra a granel.

Por lo tanto, misión cumplida. Aunque comprar productos a granel aparentemente reduce el costo para los consumidores, su hábito de gasto sería diferente si tuviera 1 galón de leche a su disposición en lugar de 4 a la vez.

Otra forma de captar la atención del comprador es emitir ofertas inteligentes. Todos entienden el concepto de GRATIS. Es una palabra corta, pero puede hacer grandes cosas. Normalmente, uno compra acondicionadores con champús, exfoliantes con jabones y calcetines con zapatos. Por lo tanto, si al comprar una botella grande de champú se obtiene GRATIS una botella pequeña de acondicionador, eso podría atraer a muchos compradores.

Los buffets en los restaurantes cobran un precio fijo por persona por las comidas. Esto significa que la persona que come sopa, pollo a la Kiev y postre paga lo mismo que la persona que come solo el pollo y el postre. Esto puede sonar injusto para la persona 1, pero después de todo, nadie se negó a servirle sopa.

Por lo tanto, aunque el precio es un factor, es principalmente una batalla psicológica donde el cliente se enfrenta a muchas opciones para elegir.

Precio basado en valor

El precio de un producto basado en su juicio de valor es extremadamente importante. Las preferencias del cliente, los beneficios del producto, la imagen de la empresa, la conveniencia y la calidad del producto son criterios subjetivos que ayudarán a una organización a comprender la percepción del cliente sobre el valor de su producto o servicio.

Lo que los clientes quieren es vital.

¿Están ahorrando dinero o tiempo comprando su producto? ¿Existe una ventaja competitiva que obtienen al usar su servicio? ¿Cuáles son sus elecciones? ¿Es conveniente para ellos usar su servicio en lugar de hacerlo ellos mismos? ¿Qué exige exactamente la competencia?

El precio máximo que pagará el cliente por el beneficio recibido puede entenderse si se tienen en cuenta los puntos anteriores.

A continuación se enumeran algunas estrategias de precios basadas en el valor. Toman en cuenta el punto de equilibrio, pero incluyen juicios subjetivos además de los números.

1. Establecer el mismo precio que los competidores: esto se usa cuando los precios de un producto básico generalmente están bien establecidos (como los servicios profesionales), o cuando no hay otros medios para establecer precios. El desafío, por lo tanto, es descubrir cómo reducir los costos para producir mayores ganancias en comparación con los competidores.

2. Establecer un precio bajo: esto se hace únicamente para capturar a un gran número de clientes en el mercado en cuestión. Esta estrategia también se utiliza para obtener objetivos no financieros, como cumplir con la competencia, proyectar una imagen de bajo costo o simplemente para conocer el producto. Si la rentabilidad se puede mantener a un precio bajo, o si los niveles de ventas son aceptables, esta estrategia funciona y luego puede conducir al aumento de los precios.

3. Cobrar un precio alto: es posible cobrar un precio alto en relación con el costo del producto si es único y es valioso para los clientes. La riqueza del mercado objetivo también cuenta. Posicionar un producto como un "producto de prestigio" en tal caso permitiría cobrar un precio alto. Por ejemplo, los relojes Rolex pueden no tener un costo de producción tan alto. Sin embargo, el alto precio trae un beneficio de "estatus" al rico mercado de Rolex.

Cobrar a los clientes lo que están "dispuestos a pagar", aunque sea alto, es una estrategia que requiere alerta e inteligencia. También requiere una disposición a cambiar porque los clientes (así como los competidores) podrían decidir que las ganancias son demasiado altas. Por lo tanto, muchos factores influyen en el precio basado en el valor, pero un estratega inteligente puede aprovecharlo al máximo.

¿Cómo saber si su precio es correcto?

Si sus precios no son perfectos, no llegará a ninguna parte, incluso si tiene el mejor producto / servicio del mundo. Las empresas de Internet emplean tres estrategias principales de fijación de precios: POPS, CAPS Y VAPS. Si se implementan adecuadamente, pueden ayudar a las empresas a obtener una ventaja sobre el resto.

(POPS) ESTRATEGIA DE PRECIOS DE OBJETOS FÍSICOS, funciona bien al vender un artículo físico y lo que se envía a sus clientes. Amazon.com y Wall-Mart se incluyen en esta categoría. Estas empresas comienzan en el nivel base para determinar el precio descubriendo cuánto cuesta producir y entregar una unidad adicional. (Es el costo marginal).

Tomemos el ejemplo de Wall-Mart. Se venden microondas. Para vender una unidad adicional, ¿cuánto les costaría? Para tener que resolver esto, tendrían que averiguar el costo al que compran de sus proveedores, el costo al que lo ponen en la tienda y el costo al que ejecutan su transacción. Entonces, para determinar el precio final que una empresa necesita agregar al costo marginal.

Este es el margen de beneficio operativo:

Para averiguar el porcentaje que necesitan para compararlo con otras empresas similares. Amazon tiene una ganancia del 6%. Los minoristas competidores deberían apuntar al mismo margen operativo, preferiblemente uno más bajo sería suficiente. Una empresa que desarrolle un proceso comercial eficiente podría minimizar su costo y ayudarlos a mantener sus precios bajos mientras conservan su margen atractivo.

COSTO DE LA ESTRATEGIA DE PRECIOS DE ADQUISICIÓN. POPS funciona bien si su costo primario es el costo del costo real de los bienes que está entregando. Pero las empresas que venden productos / servicios donde el costo se basa en el marketing, asociado con el número de visitantes a su vista, puede beneficiarse utilizando CAPS para determinar su precio final. CAPS generalmente responde dos preguntas clave.

1. ¿Cuánto costará hacer que la gente visite un sitio?

2. ¿Cuál es el porcentaje de visitantes del sitio que realizarían la compra final?

La respuesta de la primera pregunta debe dividirse por la respuesta de la segunda pregunta para dar a la empresa su costo por adquisición. Por lo tanto, el margen de beneficio operativo se puede agregar a esto para determinar el precio final.

Por ejemplo, un minorista puede encontrar que, en promedio, cuesta 0,10 $ para un visitante que visita el sitio y puede haber un 1% de visitantes que realizan la compra. Entonces, a partir de aquí, simplemente derivamos el costo por adquisición. Y descubrimos cuál debería ser el precio final. La clave aquí es minimizar el costo por adquisición.

(VAPS) ESTRATEGIA DE PRECIOS DE VALOR AGREGADO. Para empresas en las que el costo marginal es cero, por ejemplo, en la venta de productos digitales como libros electrónicos y cursos en línea. VAPS funciona mejor mientras crea un modelo de negocio en el que puede cobrar diferentes precios a diferentes clientes.

Visita nuestra página de autores en Amazon! ¡Y consigue más MENTES LIBRES!

http://amazon.com/author/menteslibres

Si lo deseas, puedes dejar tu comentario sobre este libro haciendo clic en el siguiente enlace para que podamos seguir creciendo! ¡Muchas gracias por tu compra!

https://www.amazon.com/dp/B081FJLV1L

www.ingramcontent.com/pod-product-compliance
Lightning Source LLC
Chambersburg PA
CBHW050256220526
45465CB00002B/706